AF244616

NOTICE

SUR

LES TRAVAUX SCIENTIFIQUES

De Son Altesse le Prince

CHARLES-LUCIEN BONAPARTE

PARIS

Anc. Mon BÉNARD. — Imp. SERINGE Frères

2, PLACE ET PASSAGE DU CAIRE, 2

1866

NOTICE

SUR LES TRAVAUX SCIENTIFIQUES

DE SON ALTESSE

LE PRINCE CHARLES-LUCIEN BONAPARTE

Le prince Charles-Lucien-Jules-Laurence Bonaparte, né à Paris, le 24 mai 1803, épousa, à Bruxelles, le 29 juin 1822, la princesse Zénaïde-Charlotte-Julie Bonaparte, et alla s'établir, la même année, aux États-Unis.

Peu de temps après, déjà familiarisé avec une nature nouvelle, il publiait un mémoire sur quatre espèces de *Pétrels-tempête*, fruit d'observations faites pendant la traversée de l'océan Atlantique. Ce mémoire est consacré à la distinction des espèces de Pétrels à longs tarses, formant le genre *Thalassidroma* de Vigors. Il a été le premier terme d'une série de plus de quatre-vingts publications, dont la mort seule a interrompu le cours, bien loin encore d'être terminé.

La zoologie, à laquelle le prince Charles Bonaparte s'était préparé par quelques essais en botanique, a été, pendant plus de trente-cinq ans, l'objet constant de ses études. Ses recherches, dirigées d'abord vers l'étude des animaux inférieurs, se sont ensuite spécialement portées sur l'organisation et les mœurs des vertébrés.

(1) *Journal de l'Académie des Sciences naturelles de Philadelphie*, T. III, deuxième partie, p. 227 et suivantes (1822).

Il ne tarda pas à faire imprimer un travail intitulé *Genera* des oiseaux de l'Amérique du Nord, et *Synopsis*, des espèces des États-Unis (1). Ce *Synopsis*, que les ornithologistes considèrent comme classique et qui a servi de base à toutes les publications postérieures sur les oiseaux d'Amérique, contient la description, l'histoire des mœurs et la synonymie de tous les genres et de toutes les espèces alors connus comme appartenant aux États-Unis.

Ce travail fut suivi d'un *Synopsis* des Mammifères de l'Amérique du Nord, imprimé à la fin du tome III de l'histoire naturelle de Godman (2). C'est un tableau succint, mais complet, exécuté avec soin de tous les Mammifères propres aux États-Unis d'Amérique.

Le prince Charles Bonaparte travaillait alors à un grand ouvrage, l'*Ornithologie américaine*, ou histoire des oiseaux des États-Unis non donnés par Wilson. Cet ouvrage, écrit en anglais, est intitulé : *The natural History of birds inhabiting the United-States not given by Wilson*, with figures drawn, engraved and coloured from nature, by Charles-Lucien Bonaparte (3).

Par les espèces nouvelles ou peu connues dont il contient l'histoire, par les figures qui y sont jointes, il forme le complément du beau travail de Wilson. Les éditions qui, par le soin de savants distingués, en ont été publiées, à diverses reprises, en Angleterre, attestent l'importance qu'on lui a attribuée.

Le savant docteur Richardson, dans un rapport très-étendu sur la zoologie de l'Amérique du Nord, fait à l'Association

(1) *Annales du Lycée de New-York*, T. II et suivants (1825).

(2) Philadelphie (1828).

(3) Philadelphie, 4 vol. in-folio, avec planches coloriées (1825, 1828, 1833).

britannique pour l'avancement de la science, réunie à Bristol, en août 1836, cite constamment le prince Charles Bonaparte (prince de Musignano) comme l'une des autorités les plus considérables pour la connaissance des oiseaux du continent nord-américain. Les progrès que la science a faits depuis vingt ans ont confirmé, de plus en plus, ce jugement qui est devenu général. Les ouvrages du prince Charles Bonaparte sur l'histoire naturelle de l'Amérique du Nord, ont eu l'honneur d'être cités, avec ceux de Nuttal et de Thomas Say, comme ayant donné dans cette partie du monde une impulsion rigoureusement scientifique aux études zoologiques.

De retour en Europe en 1828, à l'âge de vingt-cinq ans, le prince Charles Bonaparte a porté sur les types zoologiques spéciaux à l'ancien monde, une attention non moins suivie que celle qu'il avait donnée aux types américains. Le grand ouvrage qu'il a publié sur la Faune italienne, et dans lequel il a traité de tous les vertébrés de l'Italie, ainsi que plusieurs autres publications sur les animaux de l'Europe, attestent les efforts continus qu'il a tentés dans cette direction.

Il a fait paraître successivement les mémoires suivants :

Essai d'une distribution méthodique des animaux vertébrés (1). Ce travail renferme la liste des genres des animaux vertébrés, établie d'après les principes émis par l'auteur dans les observations critiques publiées par lui sur la seconde édition du *Règne animal* de Cuvier.

Catalogue géographique et comparatif des Oiseaux de l'Europe et de l'Amérique du Nord (2), ouvrage analogue par son sujet au mémoire précédent, mais dans lequel il étend ses com-

(1) Rome (1831).

(2) Londres (1838).

paraisons à toute l'Europe et à l'Amérique du Nord, en insistant particulièrement sur les espèces communes à ces deux parties du monde, espèces dont le nombre décroît à mesure que la comparaison est établie d'une manière plus rigoureuse.

Systema vertebratorum, lu à la Société Linnéenne de Londres, et imprimé dans ses transactions (1). C'est par suite des encouragements donnés par MM. Agassiz et Owen aux principes de classifications émis par l'auteur, que ce travail a été publié pour la première fois dans la collection des mémoires de la Société Linnéenne de Londres. Depuis, il en a paru plusieurs éditions.

Le prince Charles Bonaparte adressa à l'Académie des Sciences de Paris, dans sa séance du 24 septembre 1838, par l'entremise de M. Isidore Geoffroy Saint-Hilaire, quatre fragments extraits d'un ouvrage sur la classification des animaux vertébrés, plus développé que le précédent, et destiné à paraître aussi sous le titre de *Systema vertebratorum*. Un extrait de ces quatre fragments fut imprimé dans le compte rendu de la séance (2).

Catalogue méthodique des Oiseaux d'Europe (3). Ce travail, dont une nouvelle édition a paru récemment, contient le tableau de toutes les espèces d'oiseaux propres à notre continent; chaque espèce y est suivie de sa synonymie.

Mais pendant les dix premières années qui suivirent son retour en Europe, les soins et l'attention du prince Charles Bonaparte furent principalement absorbés par son grand ouvrage sur la Faune italienne (*Fauna italica*).

(1) T. XVIII, p. 247.

(2) *Comptes rendus hebdomadaires des séances de l'Académie des Sciences,* T. VII, p. 656.

(3) *Nouvelles Annales des Sciences naturelles de Bologne* (1842).

L'Italie manquait d'un ouvrage qui, embrassant toutes les productions animales dont elle est si riche, fit connaître combien la nature a été libérale à son égard, sous ce rapport comme sous tant d'autres.

La position que le prince Charles Bonaparte occupait dans la société, et qui l'avait mis à même de se procurer une des plus belles collections d'objets d'étude qui existât en Europe, lui permettait de combler cette regrettable lacune.

« C'est une vérité prouvée par le fait et sentie par le besoin, disait l'auteur dans la préface, que les monographies, les descriptions de musées, les faunes particulières, sont les livres qui servent le plus directement aux progrès de la zoologie. Nous avons consacré à cet ouvrage, ajoute le prince Charles Bonaparte, dix de nos meilleures années, d'où résulte la grande et inévitable irrégularité du plan, d'autant plus, que, dans ces dix ans qui ont suivi la mort du grand Cuvier, la science a fait plus de progrès qu'en un siècle. »

La *Fauna italica*, formant 3 volumes in-folio, se compose de 260 feuilles d'impression et de 180 planches. Elle contient la description de 320 espèces réellement différentes, appartenant à l'Italie, savoir : 44 Mammifères, 35 Oiseaux, 60 Reptiles et 181 Poissons. Ce magnifique ouvrage parut par livraisons, de 1832 à la fin de 1841. Il fut honoré de 234 souscriptions, parmi lesquelles on remarquait celles de presque tous les souverains de l'Europe, des grands établissements scientifiques et des savants les plus célèbres, en tête desquels figurait M. Agassiz.

Il rendit son auteur aussi célèbre parmi les nations latines, qu'il l'était déjà devenu en Amérique et en Angleterre, et, avant que la publication en fût terminée, le prince Charles Bonaparte était déjà inscrit parmi les membres des principales sociétés savantes des deux hémisphères.

Le prince Charles Bonaparte vint en France vers 1839, et

ses premiers pas sur les côtes méridionales de la Provence, aux portes de la ville de Marseille, furent marqués par une découverte : celle d'un petit lézard dont les mouvements sont extrêmement rapides, qui se joue dans les touffes de plantes épineuses, et se réfugie dans le sable. Il appartenait à une espèce nouvelle qui, jusque là, avait échappé aux observateurs, et il reçut du prince le nom de *Psammodromus cinerus* (1).

A la séance de l'Académie des sciences de Paris, du 8 avril 1839, le prince Charles Bonaparte figura de la manière la plus honorable dans le scrutin pour la nomination d'un correspondant dans la section de zoologie. M. Agassiz, déjà célèbre depuis plusieurs années par ses travaux sur les poissons fossiles, l'emporta sur lui d'une seule voix (2).

Dans la séance du 18 mars 1844, le prince Charles Bonaparte fut nommé correspondant, pour la section de zoologie, à une majorité de trente voix contre vingt, données au célèbre professeur Müller, de Berlin (3).

Être placé dans l'étude du règne animal au rang des Agassiz et des Müller, c'est être placé au premier rang parmi ses contemporains; ce jugement de l'Académie des sciences de Paris a été aussi celui des sociétés savantes du monde entier, qui, presque toutes, se sont empressées d'inscrire le prince Charles Bonaparte au nombre de leurs membres, et ont saisi toutes les occasions de témoigner leur vif intérêt pour ses travaux, et de le seconder de leur mieux dans la poursuite et dans la publication de ses incessantes recherches.

Dans la session de l'Association britannique pour l'avance-

(1) *Annales des Sciences naturelles,* T. XII. — Zoologie, p. 60 (1839).

(2) *Comptes rendus hebdomadaires des séances de l'Académie des Sciences.* T. VIII, p. 528.

(3) *Comptes rendus hebdomadaires des séances de l'Académie des Sciences,* T. XVIII, p. 476.

ment de la science, tenue à Birmingham en 1849, le prince Charles Bonaparte (prince de. Canino) a fait quelques remarques sur les caractères qui distinguent la petite pie bleue d'Espagne (*pica cookii*) de celle de Sibérie (*pica cyanea*, PALLAS). Il a aussi établi que le nouveau caprimulgus de Hongrie appartient au genre *cordylis* (1).

Dans la réunion de cette Association, à Belfast en 1852, le prince Charles Bonaparte présenta encore des notices zoologiques sur une raie monstrueuse et sur quelques oiseaux (2).

Pendant l'intervalle de ces deux séjours dans le Royaume-Uni, où, sous les noms de prince de Canino et de prince de Marignano, il jouissait parmi les adeptes de l'histoire naturelle, si nombreux dans tous les rangs de la Société anglaise, de la plus sympathique popularité, le prince Charles Bonaparte adressa ou présenta à l'Académie des sciences de Paris un grand nombre de notes et de mémoires qui ont été enregistrés dans les comptes rendus hebdomadaires de ses séances. Je citerai une partie de ces communications qui, par leur fréquence et leur enchaînement, peuvent donner une juste idée de la vie laborieuse qu'il menait et de l'infatigable ardeur avec laquelle il poursuivait ses travaux.

Séance du 11 février 1850. — Mémoire sur de nouvelles espèces ornithologiques. L'auteur y annonce qu'il profite de son séjour à Leyde pour passer en revue, en même temps que la riche collection du musée, toute la classe des oiseaux. Rédigeant pour sa propre instruction une espèce de catalogue, il y intercalle toutes les espèces recueillies par lui, pendant un laps de plus de vingt ans, dans les différents musées d'Europe et d'Amérique. En attendant que ce travail précurseur de sa *Grande Ornithologie générale et particulière*, commencée depuis si longtemps, puisse être entre les mains

(1) Volume de l'*Association Britannique* pour l'année 1849, p. 75.
(2) Volume de l'*Association* pour 1852, p. 72.

de tous les savants, il se fait un véritable plaisir de pouvoir donner à la France et à l'Académie, les prémices des recherches d'un de ses fils les plus dévoués, d'un de ses membres les plus fiers du titre qu'elle a bien voulu lui accorder.

Comme on a pu le voir par le *Conspectus*, dont il a fait hommage à l'Académie et à chacun des membres de la section de zoologie, c'est par les perroquets, ces singes des oiseaux, que le prince Charles Bonaparte commence la grande série des oiseaux, parce que, avec Illinger et notre célèbre de Blainville, il les regarde comme les mieux organisés de ces animaux (1).

Séance du 1ᵉʳ *avril* 1850. — Note sur les trochilidés (oiseaux-mouches, comprenant les colibris ; 260 espèces en 58 genres, dont le genre colibri) (2).

L'auteur de cette note, dit le prince Charles Bonaparte, s'était proposé de faire connaître à l'avance à l'Académie, dans une suite de résumés, la longue série des recherches qu'il vient de faire sur les oiseaux dans les divers musées de l'Europe. Mais ces résumés eux-mêmes ont pris une étendue qui rend nécessaire un autre mode de publication, et l'auteur, sans donner la suite, déjà en grande partie rédigée, des articles déjà publiés plus haut (p. 151, 291), se bornera à soumettre à l'Académie quelques fragments de son travail.

Séance du 11 *septembre* 1850. — Sur plusieurs genres nouveaux de passereaux (3). Le prince Charles Bonaparte cite son *Conspectus avium*, Leyde, mars 1850. Il parle du mémoire dont M. Isidore Geoffroy Saint-Hilaire a bien voulu donner lecture et soigner l'impression, en ce qui concerne les perroquets, les vautours et les oiseaux-mouches, dans les

(1) *Comptes rendus hebdomadaires des séances de l'Académie des Sciences,* T. XXX, p. 151. — P. 291, Accipitres.

(2) *Comptes rendus...* T. XXX, p. 379.

(3) *Comptes rendus...* T. XXXI, p. 123.

comptes rendus (t. XXX, p. 131, 279, et 291). Dans la crainte d'abuser du temps de l'Académie, c'est à M. Guérin-Méneville qu'a été remise la suite de cette *Revue de la classe des oiseaux*, et ce savant la publie dans ce moment dans son utile *Magasin de zoologie*.

Séance du 30 septembre 1850. — Sur deux espèces nouvelles de *paridæ* (mésanges) (1).

Séance du 14 octobre 1850. — Le prince Charles Bonaparte demande la parole pour montrer le nouvel ouvrage de Gould (*The Birds of Asia*), dont il a parlé dans une des dernières séances, à propos du nouveau genre *Collacanthis* (2).

Séance du 21 octobre 1850. — Note sur plusieurs familles naturelles d'oiseaux et descriptions d'espèces nouvelles (3).

Depuis la publication du tableau d'ornithologie, dont j'ai eu l'honneur, dit le Prince, de faire hommage à l'Académie, je n'ai pas cessé d'étudier avec persévérance la classe des oiseaux, et de méditer sur les rapports compliqués des diverses familles et de leurs séries parallèles. Je viens exposer, aussi brièvement que possible, les principaux changements que mes études récentes m'ont engagé à introduire dans le système naturel de la seconde classe des vertébrés.

Les familles ont été portées à cent douze.

Les sous-familles, de deux cents à deux cent dix-huit.

Le nombre des genres que j'admets dans la classe est de quatorze cents.

Séance du 2 décembre 1850. — Le prince Charles Bonaparte présente la figure d'un oiseau (le *notornis d'Owen*), que, jusqu'à présent, on avait cru n'exister qu'à l'état fossile, ou, du moins, avoir été détruit depuis longtemps, comme le *dodo*,

(1) *Comptes rendus...* T. XXXI, p. 478.

(2) *Comptes rendus...* T. XXXI, p. 539.

(3) *Comptes rendus...* T. XXXI, p. 561.

le *dinormis*, etc., etc. Aujourd'hui qu'il a été trouvé vivant à la Nouvelle-Zélande, il doit être rangé dans la catégorie du *strigops*, du *nestor hypopodius* et de ces diverses espèces d'oiseaux dont la race est en voie d'extinction (1).

Séance du 9 décembre 1850. — Le prince Charles Bonaparte fait hommage à l'Académie d'un ouvrage qu'il vient de publier, conjointement avec M. H. Schlegel, et qui a pour titre : *Monographie des loxiens* (2), 1 vol. in-4°, orné de 54 pl. coloriées (Leyde et Dusseldorf, 1850).

Le prince Charles Bonaparte a continué, après 1850, à enrichir les comptes rendus des séances de l'Académie des sciences d'un grand nombre de notes, de tableaux et de mémoires ; mais je n'en continuerai pas l'énumération ; la plupart se rapportent au grand travail qui a été la principale occupation des dernières années de sa vie. Il avait entrepris pour les oiseaux de tout le globe, dans son *Conspectus generum avium* (recensement de tous les oiseaux connus), ce que Decandolle avait entrepris pour le règne végétal dans son *Prodrome*, que lui-même il n'a pu achever. Il avait rassemblé pour cet ouvrage une grande quantité de matériaux, de notes, de livres et même les dépouilles d'un grand nombre d'oiseaux ; mais il se servait surtout des richesses innombrables renfermées dans les musées et les grandes bibliothèques des deux hémisphéres.

Ce fut à Leyde, en 1850, comme je l'ai déjà dit, qu'il commença la publication de son *Conspectus*, ouvrage destiné à coordonner tous les travaux d'ornithologie soit anciens, soit modernes. Cet ouvrage contient, dit le prince Charles Bonaparte, dans sa préface *latine* (car il écrivait admirablement le latin), le fruit des recherches et des investigations que j'ai pour-

(1) *Comptes rendus...* T. XXXI, p. 770.

(2) *Comptes rendus...* T. XXXI, p. 794.

suivies pendant vingt-cinq ans, dans les musées et les forêts de l'Europe et de l'Amérique, que j'ai réunis et dont j'ai formé un ensemble, en prenant pour base les trésors renfermés dans le musée de Leyde.

Huit mois entiers ont été consacrés par lui à faire à Leyde des recherches dans lesquelles il a été très-utilement secondé par le savant et vénérable Temmink et par M. Schlegel, l'un des plus habiles zoologistes de notre temps, et qu'il a continuées avec la même assiduité dans les galeries du Muséum d'histoire naturelle de Paris.

Pour chaque genre, l'auteur indique toutes les espèces, caractérisant celles qui sont nouvelles, peu connues ou difficiles, et donnant de toutes une synonymie très-complète. Il avait pour ce genre de travail une aptitude merveilleuse. Doué d'un tact étonnant pour la distinction des espèces, il les connaissait toutes *de visu*. Mais c'est une rude et longue tâche que de soumettre à une étude comparative, les 7,000 espèces d'oiseaux, avec la précision que le prince Charles Bonaparte y mettait. La mort l'a surpris avant qu'il l'eut achevée.

Il est fort à craindre qu'on ne puisse continuer la publication du *Conspectus generum avium*, dont le plan qui se formait, pour ainsi dire, au fur et à mesure de l'exécution, était en germe dans la pensée de son auteur et n'avait jamais été formulé par écrit. Personne, probablement, n'aura la témérité de chercher à ressaisir ce plan, et encore moins de tenter de le remplacer. Le Prince seul, de l'aveu de ses plus savants collaborateurs, pouvait exécuter un pareil travail. Il connaissait, pour avoir étudié des exemplaires souvent multiples de chacune d'elles, non-seulement toutes les espèces d'oiseaux, mais toutes les espèces de vertébrés conservées dans les collections des deux hémisphères. Dans sa prodigieuse mémoire se trouvaient classées toutes les bibliothèques, tous les musées d'histoire naturelle d'Europe et d'Amérique, dans plusieurs desquels il avait travaillé pendant des mois entiers. Il avait tout visité, tout retenu. Il savait à point nommé où se trouvait chaque livre rare, chaque pièce unique. Les relations affectueuses qu'il entretenait avec les détenteurs de ces précieux dépôts, lui permettaient de leur adresser des questions précises sur chaque point qu'il voulait éclaircir, de solliciter même l'envoi des objets qu'il avait besoin de revoir, ce qui ne lui était jamais refusé.

Personne ne serait en état de reprendre une pareille correspondance, et cela seul suffirait pour faire sentir que l'histoire naturelle a perdu en lui une de ses colonnes. On pourra cependant suppléer en partie à ce qui manque au *Conspectus*, à l'aide des mémoires et tableaux publiés par son savant auteur pendant les dernières années de sa vie, dans les comptes rendus de l'Académie des sciences, et en se servant de la collection des oiseaux du Muséum d'histoire naturelle de Paris, qu'il avait tous laborieusement étiquetés de sa main et rangés genre par genre, suivant son système, opération qui lui a pris *six années* d'un travail assidu.

Le prince Charles Bonaparte aimait les musées, et particulièrement ceux de sa patrie, et il était heureux chaque fois qu'il pouvait enrichir de quelque espèce nouvelle les galeries du Museum, où il passait une grande partie de ses journées quand il était à Paris.

Il aimait aussi ceux qui créent ces précieuses collections et qui en prennent soin, et il avait su s'en faire aimer ; aussi ne leur demandait-il jamais un renseignement en vain.

A Leyde, où il a résidé en 1849 et 1850, il travaillait jour et nuit, avec le concours de MM. Temmink, naturaliste éminent dans la connaissance des oiseaux, à l'étude desquels il a consacré lui-même les ressources d'une grande fortune et qui est mort en 1857 (la même année que le Prince), à l'âge de quatre-vingts ans, et avec celui de M. Schlegel, sous-directeur du Musée, naturaliste d'une haute portée et dans la force de l'âge.

Tous les zoologistes tenaient à honneur de voir leurs publications figurer dans sa bibliothèque. Les plus beaux ouvrages relatifs aux oiseaux y étaient représentés par ces exemplaires choisis dont on n'exécute jamais qu'un petit nombre, et que les auteurs se sont empressés d'offrir au Prince, aux époques déjà plus ou moins éloignées où parurent leurs travaux, en témoignage de leur affection personnelle et de leur haute estime pour son illustration scientifique. Les vastes relations qu'il avait sû se créer, dès l'origine, parmi les zoologistes des deux hémisphères, font de la *collection des tirages à part*, qu'il a formée pendant les trente-cinq années de sa carrière scientifique, une réunion unique au monde.

Il a contribué lui-même dans une large proportion à enrichir les collections de ses confrères, car peu de naturalistes se sont montrés aussi féconds ; si une mort prématurée a brisé sa carrière de bonne heure, on pourrait citer, parmi les savants, peu d'exemples de précocité plus remarquables que le prince Charles Bonaparte. Condamné à fuir le sol de la patrie, il abordait à dix-neuf ans les vastes régions incomplétement explorées encore de l'Amérique septentrionale, les magnifiques collections que d'heureux pionniers de la science y avaient déjà créées, et il en prenait en peu de temps une connaissance aussi approfondie que détaillée, comme il le fit plus tard de celles qui ont été rassemblées en Europe et notamment à Leyde.

Après des essais qui avaient montré son aptitude pour la botanique, il préféra un genre d'études qui, sur la terre étrangère, lui rappellerait sans cesse la patrie absente, et il se livra à l'étude de la zoologie, science d'origine française, développée surtout par les travaux des Buffon, des Cuvier, des Geoffroy Saint-Hilaire et de leurs illustres émules et disciples, dont les savants écrits lui inspirèrent les divers travaux par lesquels, quoique proscrit du sol natal dès l'âge le plus tendre, il s'est efforcé d'étendre le domaine et de continuer la tradition scientifique de notre nation.

Ses divers travaux sont relatifs aux cinq classes de l'embranchement des vertébrés : mammifères, oiseaux, reptiles, amphibies et poissons. Dans les publications qui leur sont relatives, aussi bien dans les travaux d'ensemble que dans les mémoires spéciaux, il a toujours essayé de perfectionner la méthode naturelle, sans laquelle la science manquerait de bases solides. Les études sur la nature vivante que le Prince a faites, tant en diverses parties de l'Europe qu'en Amérique, lui ont permis de s'éclairer de la connaissance exacte des mœurs et de l'*habitat* des espèces. Il représentait mieux que personne la zoologie descriptive et de classification.

Le prince Charles Bonaparte a publié en tout 87 ouvrages ou notices plus ou moins étendus sur les différentes classes des vertébrés.

Trois de ces ouvrages peuvent être cités comme les plus importants :

1° *L'Ornithologie américaine,* ouvrage in-4°, orné d'un grand nombre de planches , faisant suite à l'ouvrage de Wilson ;
2° La *Fauna Italica ;*
3° Le *Conspectus generum avium.*

Sa *Monographie des Loxiens* mérite aussi d'être mentionnée comme un ouvrage particulièrement remarquable.

Ses travaux en général ont été jugés dignes d'approbation par les juges les plus compétents, ainsi que l'a prouvé l'emploi fréquent qu'ont fait de ses observations les premiers zoologistes de notre siècle.

Les ornithologistes les plus distingués de l'Europe et de l'Amérique, Temmink, Schlegel, Naumann, Reichenbach, Gould, G. Gray, regardaient le prince Charles Bonaparte comme leur maître, comme l'un des ornithologistes les plus éminents de son époque.

Le prince Charles Bonaparte a été incontestablement l'un des naturalistes les plus heureusement doués, les plus ingénieux et les plus laborieux que la France a vu naître.

Il a été aussi l'un des naturalistes les plus aimables et l'un de ceux qui ont le mieux su se faire écouter des savants. On en a eu des preuves éclatantes dans les succès et l'influence qu'il a obtenus dans les congrés scientifiques auxquels il a souvent pris part.

On en était témoin avec plus de bonheur encore dans ces réunions si pleines de charme et toujours intimes quoique nombreuses, où il répandait à flots pressés les trésors d'une étonnante érudition, et où on ne reconnaissait le prince qu'à sa gracieuse affabilité.

Tel a été ce prince trop peu connu, en dehors du cercle des naturalistes, et trop tôt enlevé à de vives et sincères affections, que la science a placé au rang de ses adeptes les plus fervents et les plus éminents, qui, après avoir parcouru avec éclat une carrière scientifique de plus de trente-cinq années, après avoir publié plus de 80 ouvrages et notices, dont quelques-uns ont eu plusieurs éditions, en différentes langues, a été surpris par la mort au moment où il poursuivait avec plus d'ardeur que jamais des travaux d'une immense étendue, pour lesquels il réunissait sans cesse de nouveaux matériaux.....

L. Élie de BEAUMONT,

Sénateur, membre de l'Institut.

LISTE

DES

PRINCIPAUX TRAVAUX ZOOLOGIQUES

publiés par

LE PRINCE CHARLES L. BONAPARTE

Travaux généraux relatifs à l'ensemble des vertébrés ou à plusieurs classes de cet embranchement.

1. Essai d'une distribution méthodique des animaux vertébrés (Rome, 1831.)
2. Essai d'une distribution méthodique des animaux vertébrés à sang froid. (Rome 1832.)
3. *Systema vertebratorum.* (Transaction de la Société Linnéenne de Londres, t. XVIII, p. 247, 1837.)
4. *Fauna italica.* (Rome, 1832, 3 vol. in-fol., avec 180 planches.)

Mammifères.

5. *Synopsis* des mammifères de l'Amérique du Nord. (Philadelphie, 1828.)
6. Sur le genre *Mustellaa.* (Annals and magazine of natural history, 1838.)
7. Catalogue des mammifères de l'Europe. (Actes du congrès de Milan, p. 327.)
8. Observations sur les musaraignes d'Italie. (Actes du congrès de Turin, p. 207, 1841.)

9. Observations sur les *arvicola* d'Europe. (Actes du congrès de
Milan, p. 357.)

10. *Conspectus systematis mastozoologiæ.* (Leyde, 1850.)

11. Note relative à une troisième espèce d'éléphant originaire de
Sumatra. (Proced. Zool. Soc. of London, p. 144, 1849.)

Oiseaux.

12. Mémoire sur quatre espèces de pétrels-tempête. (Journal de l'Académie des sciences nat., de Philadelphie, 1822.)

13. Observations sur la nomenclature de l'ornithologie de Wilson.
(Ibid.)

14. Sur une nouvelle espèce de canard, *anas rufitorques*. (Ibid.)

15. Description d'une nouvelle espèce de *fringilla* de l'Amérique méridionale, *fringilla xanthorrhoa*. (Ibid.)

16. Mémoires sur dix espèces d'oiseaux de l'Amérique méridionale, et
notes additionnelles à ce même travail. (Ibid.)

17. Mémoire sur deux espèces nouvelles d'oiseaux du Mexique, *garru-
lus ultramarinus* et *cassicus melanicterus*. (Ibid.)

18. Addition à l'ornithologie des Etats-Unis. (Ibid.)

19. *Genera* des oiseaux de l'Amérique du Nord et *synopsis* des espèces
des États-Unis. (Annales du lycée de New-York, 1826.)

20. Nouvelle addition à l'ornithologie des Etats-Unis et observations
sur la nomenclature de quelques espèces. (Ibid.)

21. Ornithologie américaine, ou histoire naturelle des oiseaux des
États-Unis non donnés par Wilson. (Philadelphie, 4 vol. in-fol.,
avec planches coloriées, 1825, 1828, 1833.)

22. Catalogue systématique des oiseaux des Etats-Unis. (Philadelphie, 1828.)

23. Supplément aux oiseaux de l'Amérique du Nord. (Zoological journal, t. III.)

24. Supplément au mémoire sur quatre espèces de thalassidromes.
(Ibid.)

25. Sur une nouvelle espèce de tétras, *tetrao urophasianus*. (Ibid.)

26. Sur les espèces du genre tétras. (Transaction de la Soc. Phil. américaine de Philadelphie.)

27. Sur une nouvelle espèce d'oiseau de l'île de Cuba, *ramphocelus passerinii*. (Anthologie de Florence, octobre 1831.)

28. Monographie des espèces du genre *strix, L.*, voisines du *strix passerina*, ou confondues avec cette espèce.

29. Monographie des espèces du genre *aigrette* des ornithologistes modernes.

30. Monographie des espèces des genres *numenius* et *scolopax*.

31. Tableau comparatif des ornithologies de Rome et de Philadelphie. (Nouveau journal des savants, Pise, 1827.)

32. Supplément au tableau précédent. (Ibid.)

33. Catalogue géographique et comparatif des oiseaux d'Europe et de l'Amérique du Nord. (Londres, 1838.)

34. Nouvelles espèces d'oiseaux mexicains. (Proced. Zool. Soc. of London, 1838.)

35. Nouvelles espèces d'oiseaux péruviens. (Ibid.)

36. Sur le quezalt des Mexicains, *trogon paradisœus*. (Magasin de Zoologie, 1838.)

37. Sur un nouvel oiseau mexicain, *agrilorhinus psittaceus*. (Nouvelles annales des sciences naturelles de Bologne, 1838.)

38. Oiseaux de Santa-Fé de Bogota. (Actes du congrès de Milan, p. 403.)

39. Sur le *Falco Eleneorœ*, GENÉ. (Actes du congrès de Turin, p. 212.)

40. Sur le *querquedula angustirostris*, MÉNÉTR. (Actes du congrès de Florence, p. 317.)

41. Sur deux oiseaux nouveaux pour la Faune d'Europe, *Fulica cristata* et *podiceps longirostris*. (Actes du congrès de Florence, p. 314.)

42. Catalogue méthodique des oiseaux d'Europe. (Nouvelles annales des sciences naturelles à Bologne, 1842.)

43. Rectifications relatives à l'ornithologie européenne. (Actes du congrès de Lucques, p. 425.)

44. Sur une nouvelle espèce de passereau d'Europe, *ruspiza dolichonia*. (Actes du congrès de Milan, p. 715.)

45. *Conspectus systematis ornithologiæ.* (Leyde, 1850.)

46. Sur le genre *electus.* (Proced. Zool. Soc. of London, novembre 1849.)

47. Sur le genre *lorius.* (Proced. Zool. Soc. of London, 1850.)

48. Sur la famille des garruliens; et sur les genres *oriolus, coccyzus,* etc. (Proced. Zool. Soc. of London, 1850.)

49. Nouvelles espèces zoologiques. — *Première partie :* Perroquets. (Comptes rendus des séances de l'Académie des sciences, séance du 11 février 1850.)

50. Nouvelles espèces ornithologiques. — *Seconde partie :* Accipitres (Ibid. Séance du 11 mars 1850.)

51. Notes sur les trochilides. (Ibid. Séance du 1er avril 1850.)

52. Sur plusieurs genres nouveaux de passereaux. (Ibid. Séance du 16 septembre 1850.)

53. Sur deux espèces nouvelles de parides. (Ibid. Séance du 30 septembre 1850.)

54. Note sur plusieurs familles naturelles d'oiseaux, et description[s] d'espèces nouvelles. (Ibid. Séance du 21 octobre 1850.)

55. Revue de l'ornithologie européenne, etc. (Bruxelles, 1850.)

56. Revue générale de la classe des oiseaux. — *Première partie :* perroquets et oiseaux de proie. (Magasin zoologique, septembre 1850.)

57. Monographie des Loxiens (en commun avec M. Herm. Schlegel, Leyde et Dusseldorf, 1850, un vol. in-4, orné de 54 planches coloriées.

58. *Conspectue generum avium* (Leyde, 1850.)

Reptiles et amphibies.

59. Monographie des *cheloniens* d'Europe et de l'Amérique septentrionale (imprimé à la suite de la revue critique de la deuxième édition du Règne animal de Cuvier.)

60. *Cheloniarum tabula analitica.* (Rome, 1836.)

61. *Saurorum tabula analitica.* (Nouvelles annales des sciences naturelles de Bologne.)

62. Amphibia Europæa, ad systema nostrum ordinata. (Lu au congrès de Pise en 1839.)

63. Sur les *bufo viridis et calamita.* (Actes du congrès de Padoue, 1843, p. 208.)

64. Sur les habitudes des différents boas, observés vivants en France, en Belgique et en Angleterre. (Actes du congrès de Pise, 1840, p. 176.)

65. Sur un reptile de Corfou. (Actes du congrès de Naples, 1854, p. 714.)

66. Sur une nouvelle espèce de lézard qui se trouve en France. (Nouvelles annales des sciences naturelles de Bologne, 1839.)

67. *Systema amphibiorum.* (Actes du congrès de Milan, p. 379.)

68. *Conspectus systematis Erpetologiæ et Amphibiologiæ.* (Leyde, 1850.)

Poissons.

69. *Selachorum tabula analitica.* (Neufchâtel, 1838.)

70. *Monographia leuciscorum europæorum.* (Congrès de Pise, 1840, p. 150.)

71. Observations sur les *leuciscus* de Lombardie, décrits par le docteur DE PHILIPPI. (Actes du congrès de Milan, p. 180.)

72. Catalogue systématique des cyprinides européens. (Actes du congrès de Milan, p. 381.)

73. Observations sur les échénéides. (Actes du congrès de Milan, p. 372.)

74. Observations sur les orthagarisques et les doubles emplois auxquels ont donné lieu les espèces de ce genre. (Actes du congrès de Pise, p. 165.)

75. Sur un *blenius,* qui vit dans les eaux du Caldana en Toscane. (Actes du congrès de Pise, p. 175.)

76. Observations sur la torpille. (Actes du congrès de Pise, p. 18.)

77. Comparaison entre les familles des percides et des scambrides. (Actes du congrès de Florence, p. 359.)

78. Sur les *lagocephalus pennanti,* Sw. (Actes du congrès de Florence, p. 359.)

79. Sur une espèce de trachyptère, présenté par le docteur Vérany. (Actes du congrès de Florence, p. 461.)

80. Sur le *dasyboles fullonica.* (Actes du congrès de Florence, p. 363.)

81. Sur l'encéphale des lamproies, comparé à celui des raies. (Actes du congrès de Florence, p. 373.)

82. Sur deux espèces de poissons, *cubiceps bipinnatus* et *scaurus siculus.* (Actes du congrès de Naples, p. 715.)

83. Système ichthyologique. (Actes du congrès de Milan, p. 379.)

84. Manuel d'ichthyologie italienne. (Actes du congrès de Turin, 1840, p. 233.)

85. Catalogue méthodique des poissons d'Europe. (1 vol. n-4°, publié par le congrès de Naples, 1845.)

86. Sur une nouvelle espèce de *squalius.* (Nouvelles annales des sciences naturelles de Bologne, 1839.)

87. *Conspectus systematis ichthyologiæ.* (Leyde, 1850.)

A cette liste déjà si étendue, il faudrait encore ajouter celle des notes, mémoires et tableaux de classification que le prince Charles Bonaparte a publiés de 1851 à 1857, dans les Comptes rendus des séances de l'Académie des sciences et dans d'autres recueils scientifiques.

Il faudrait y joindre aussi les Essais botaniques par lesquels il a débuté dans la science, ses travaux sur les animaux invertébrés, notamment le *Catalogue des Lépidoptères italiens,* qu'il a rédigé avec Rolli, et un mémoire intitulé : *Esquisses sur les variations auxquelles sont sujettes les espèces du genre melitea* (avec figures).

BIBLIOTHEQUE NATIONALE DE FRANCE
3 7502 00972647 4